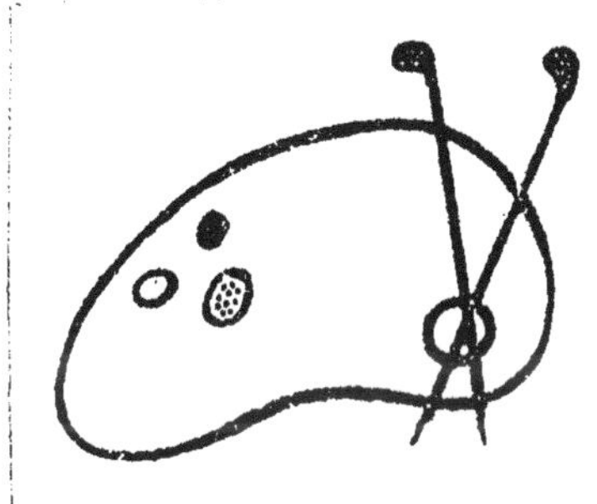

N° 105 Prix : 10 centimes.

LITTÉRATURE

DANTON

DISCOURS

L. BOULANGER, éditeur, 90, boul. Montparnasse, PARIS.

LE LIVRE POUR TOUS

POUR PARAITRE

101. **Politique** : J.-J. Rousseau. *Le contrat social.*
102. **Politique** : Mirabeau. *Opinions et discours.*
103. **Physique** : *Les machines électriques,* tome I.
104. **Physique** : *Les machines électriques,* tome II.
105. **Littérature** : Danton. *Discours.*
106. **Littérature** : Désaugiers. *Chansons.*
107. **Science** : *Les moteurs hydrauliques,* tome I.
108. **Science** : *Les moteurs hydrauliques,* tome II.
109. **Littérature** : Racine. *Les Plaideurs.*
110. **Littérature** : Voltaire. *Candide.*
111. **Littérature** : Voltaire. *Candide.*
112. **Littérature** : J.-J. Rousseau. *L'enfance.*
113. **Littérature** : Diderot. *Ce n'est pas un conte.*
114. **Littérature** : Thiers. *Le 18 mars.*
115. **Littérature** : Barbès. *Deux jours de condamnation à mort.*
116. **Littérature** : Diderot. *Les deux moines.*
117. **Littérature** : Beaumarchais. *Le mariage de Figaro,* tome I.
118. **Littérature** : Beaumarchais. *Le mariage de Figaro,* tome II.
119. **Littérature** : Beaumarchais. *Le mariage de Figaro,* tome III.
120. **Littérature** : Lamenais. *Le livre du peuple.*
121. **Littérature** : X. de Maistre. *La jeune Sibérienne,* tome I.
122. **Littérature** : X. de Maistre. *La jeune Sibérienne,* tome II.
123. **Littérature** : Longus. *Daphnis et Chloé,* tome I.
124. **Littérature** : Longus. *Daphnis et Chloé,* tome II.
125. **Littérature** : Longus. *Daphnis et Chloé,* tome III.
126. **Littérature** : Voltaire. *Poésies.*
127. **Littérature** : Corneille. *Le menteur,* tome I.
128. **Littérature** : Corneille. *Le menteur,* tome II.
129. **Littérature** : Rabelais. *Gargantua,* tome I.
130. **Littérature** : Rabelais. *Gargantua,* tome II.
131. **Littérature** : Rabelais. *Gargantua,* tome III.
132. **Littérature** : Camille Desmoulins. *La Lanterne.*
133. **Littérature** : Carnot. *La révolution française.*

Les nécessités du tirage peuvent amener quelques modifications à cette liste. Les 50 volumes suivants seront publiés ultérieurement. La collection comprendra tout ce qu'il est utile de savoir. — Chaque mois le dernier volume de la dizaine parue porte la liste de la dizaine à paraître. — Il paraît deux volumes par semaine, le jeudi et le dimanche. — Les dix premiers volumes sont envoyés *franco* moyennant **1 fr. 25** à toute personne qui en fait la demande.

Les personnes qui nous demanderont les dix premiers volumes recevront, à titre de **prime**, un *élégant cartonnage* permettant de lire chaque volume sans le froisser. S'adresser chez l'éditeur. — On peut s'abonner soit chez l'éditeur, soit chez les libraires et marchands de journaux.

Ces volumes se trouvent chez tous les libraires au prix de **10** centimes chacun.

Dans le cas où on ne pourrait se les procurer, l'éditeur reçoit des abonnements au prix de **1 fr. 25** la série de 10 et de **6** francs la série de 50 volumes.

Ces prix comprennent le port. Dans ce cas les volumes sont expédiés **2 à la fois** le samedi de chaque semaine. — Les volumes parus peuvent toujours être fournis d'un seul coup et immédiatement.

10 centimes le numéro.

LE LIVRE POUR TOUS

Aujourd'hui un livre, quel qu'il soit, ne peut compter sur un grand succès durable que s'il est tellement *bon marché* que tout le monde puisse l'acheter sans compter, s'il est *tellement intéressant* et utile, que tout le monde dise : « *Je veux le lire, l'avoir et le garder.* »

Or il n'y a pas de livres d'un intérêt plus réel, d'une utilité plus pratique et plus constante que ceux qui fournissent des *renseignements précis et complets* sur ce que tout le monde veut savoir et doit connaître.

Mais ces livres d'information et de référence ne sont vraiment bons qu'à la condition d'être des guides toujours sûrs, des conseillers toujours prêts à répondre exactement aux nombreuses questions que l'on a sans cesse à résoudre. Ils doivent être méthodiques, exacts, clairs, faciles à manier, commodes à emporter partout avec soi. Ils doivent en outre constituer dans leur ensemble la meilleure et la plus parfaite des encyclopédies; et en même temps chacune de leurs parties doit former un tout distinct, de telle sorte que celui qui veut se contenter de cette partie unique y trouve tout ce dont il a besoin.

Un dictionnaire ne peut réunir ces avantages : s'il est volumineux, il est cher et par conséquent pas à la portée de tous; s'il est petit, il est restreint, et les articles en sont nécessairement écourtés, incomplets. De plus le dictionnaire renvoie d'un mot à l'autre, il ne peut se lire à la suite, il contient des redites. Les manuels, les traités sont évidemment plus utiles, mais ils sont d'ordinaire d'un prix élevé, surtout quand il s'agit de questions spéciales ou scientifiques ou techniques.

Nous avons pensé qu'il restait à créer une collection réunissant, à la fois, l'utilité des dictionnaires et celle des manuels, et d'un prix si minime que tout le monde puisse se la procurer.

Nous avons donné à cette collection un titre général disant d'un mot ce qu'elle est :

Le Livre pour tous, c'est-à-dire le livre indispensable à tout le monde, le livre auquel on doit avoir recours en toute occasion et qui mérite toute confiance.

Le Livre pour tous donne à tous les connaissances nécessaires à tous. Il est le vade-mecum de toute instruction pratique, le répertoire de toutes les sciences usuelles.

Le Livre pour tous est le livre de tous ceux qui travaillent, qui étudient, qui s'informent, qui veulent s'éclairer, c'est-à-dire tout le monde.

Ce qui distingue notre collection de toutes celles que l'on a publiées dans le même genre et ce qui fait sa supériorité sur toutes les compilations adressées aux lecteurs sous prétexte de vulgarisation, ce qui doit lui donner la préférence sur les dictionnaires et les manuels, c'est, nous le répétons :

1° Le *bon marché*. — Chacun de nos volumes ne coûte que 10 centimes, et contient comme texte le tiers d'un volume ordinaire de 300 pages vendu 3 fr. 50 et même de 4 à 6 francs.

2° L'*abondance et l'exactitude des renseignements*. — Chacun de nos volumes est rédigé avec le plus grand soin par des auteurs compétents d'après les travaux les plus récents et les plus autorisés.

3° La *commodité du format*. — Chacun de nos volumes peut facilement tenir dans la poche, on peut l'emporter avec soi à la promenade, le lire en voiture, en omnibus, en chemin de fer.

4° La *clarté du texte*. — Les volumes sont imprimés en caractères neufs, lisibles sans fatigue, et les matières sont disposées de telle sorte que d'un coup d'œil on trouve ce que l'on cherche.

5° La *valeur documentaire*. — Chaque volume forme un tout; mais l'ensemble des volumes forme une encyclopédie. Dans chaque volume, chaque sujet est traité à fond. De plus chaque volume est accompagné de documents, de tables de références, de tables statistiques, etc., qui sont d'un usage précieux.

Il suffit d'avoir sous les yeux un seul de nos volumes pour se rendre compte de l'importance de notre collection et des services qu'elle rend.

Tous les volumes de la collection sont rédigés avec le même soin, d'après la même méthode et dans le même but d'utilité.

N. B. Le Livre pour tous *peut être mis dans toutes les mains. C'est la meilleure récompense à donner aux élèves dans toutes les écoles. C'est la collection la plus utile à tout le monde.*

L'éditeur-gérant : L. BOULANGER.

Sceaux. — Imp. Charaire et Cie.

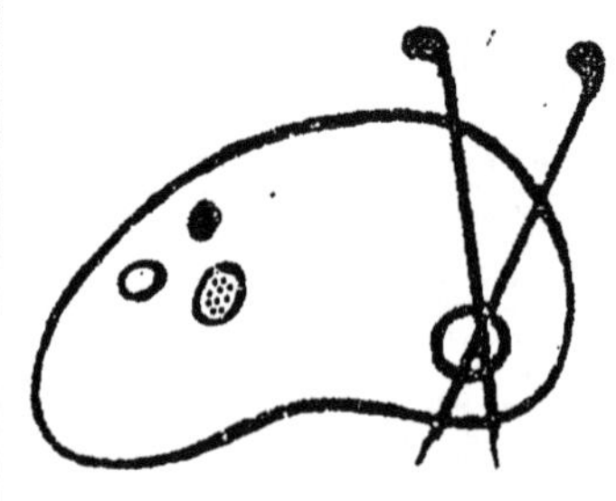

Fin d'une série de documents
en couleur

DANTON.

Au dessus de la révolution, résurrection de la nation française, que de grandes figures, Mirabeau, Vergniaud, Marat, Danton, Saint-Just, Robespierre. Aujourd'hui que la passion furieuse de la lutte s'est calmée, il convient d'étudier, avec le sang-froid de l'historien, ces hommes qui, avec des génies divers, furent à un titre équivalent, les serviteurs de la patrie et de l'humanité.

Aujourd'hui, c'est de Danton que nous parlons. Nature exubérante, prête à la corruption sinon corrompue, Danton eut en lui l'enthousiasme des grands dévouements et des énergies superbes. Certes, il ne fut pas impeccable, et les panégyristes qui le veulent innocenter tout à fait font œuvre fausse. En temps de lutte, il eut des vices qui sont une force. Danton fut un jouisseur qui mit au service de la patrie ses violences d'appétit. Il voulait la liberté comme il voulait la femme et le luxe. Robespierre qui le tua avait lui d'autres vices, vanité profonde et mépris des autres. Toutes ces surexcitations cérébrales concordèrent à un même but, l'affranchissement des français et des citoyens. Ces hommes ne réclament pas d'indulgence. Ils furent ce qu'ils furent. Ce qu'ils doivent exiger, c'est d'être compris. Danton était un Mirabeau déplacé.

Nous donnons les principaux discours — est-ce bien discours qu'il faut appeler ces cris de colère et de revendication — l'homme est là tout entier et aussi toute entière cette révolution qui nous a faits ce que nous sommes, des citoyens en possession de leur libre volonté, les maîtres du suffrage universel et par conséquent de l'avenir.

Danton (Georges-Jacques), né à Arcis-sur-Aube, en 1759, est mort sur l'échafaud le 5 avril 1794.

DANTON

LA PATRIE EN DANGER

DISCOURS PRONONCÉ LE JOUR DE SON INSTALLATION COMME SUBSTITUT DU PROCUREUR DE LA COMMUNE [1]

Novembre 1792.

Monsieur le maire et messieurs,

Dans une circonstance qui ne fut pas un des moments de sa gloire, un homme dont le nom doit être à jamais célèbre dans l'histoire de la Révolution, disait : qu'il savait bien qu'il n'y avait pas loin du Capitole à la Roche Tarpéienne; et moi, vers la même époque à peu près, lorsqu'une sorte de plébiscite m'écarta de l'enceinte de cette assemblée où m'appelait une section de la capitale, je répondais à ceux qui attribuaient à l'affaiblissement de l'énergie des citoyens, ce qui n'était que l'effet d'une erreur éphémère, qu'il n'y avait pas loin pour un homme *pur*, de l'ostracisme suggéré aux premières fonctions de la chose publique. L'événement justifie aujourd'hui ma pensée; l'opinion, non ce vain bruit qu'une faction de quelques mois ne fait régner qu'autant qu'elle-même

1. Fréron, en rapportant ce discours dans l'*Orateur du Peuple*, le fait précéder des réflexions suivantes : « M. Danton, je vais rapporter votre discours, non parce qu'il renferme des vérités frappantes, mais parce que la profession de foi que vous adressez au peuple, lui servira de pièce de comparaison, et qu'il pourra, si vous êtes fidèle à vos principes, lorsque la cour voudra l'enchaîner, se rallier autour de vous. Vous avez de grands moyens, faites-les valoir, ou sinon, je vous poursuivrai avec le même acharnement que je poursuis tous ceux qui nuisent à la chose publique ».

l'opinion indestructible, celle qui se fonde sur des faits qu'on ne peut longtemps obscurcir, cette opinion qui n'accorde point d'amnistie aux traitres, et dont le tribunal suprême casse les jugements des sots et les décrets des juges vendus à la tyrannie, cette opinion me rappelle du fond de ma retraite où j'allais cultiver cette métairie qui, quoique obscure et acquise avec le remboursement *notoire* d'une charge qui n'existe plus n'en a pas moins été érigée par mes détracteurs en domaines, en domaines immenses, payés par je ne sais quels agents de l'Angleterre et de la Prusse.

Je dois prendre place au milieu de vous, messieurs, puisque tel est le vœu des amis de la liberté et de la constitution; je le dois d'autant plus que ce n'est pas dans le moment où la patrie est menacée de toutes parts, qu'il est permis de refuser un poste qui peut avoir ses dangers, comme celui d'une sentinelle avancée. Je serais entré silencieusement ici dans la carrière qui m'est ouverte, après avoir dédaigné pendant tout le cours de la Révolution de repousser aucune des calomnies sans nombre dont j'ai été assiégé, je ne me permettrais pas de parler un seul instant de moi, j'attendrais ma juste réputation de mes actions et du temps, si les fonctions déléguées auxquelles je vais me livrer, ne changeaient pas entièrement ma position. Comme individu, je méprise les traits qu'on me lance, ils ne me paraissent qu'un vain sifflement; devenu homme du peuple, je dois, sinon répondre à tout, parce qu'il est des choses dont il serait absurde de s'occuper, mais au moins lutter corps à corps avec quiconque semblera m'attaquer avec une sorte de bonne foi. Paris, ainsi que la France entière, se compose de trois classes; l'une ennemie de toute liberté, de toute égalité, de toute constitution, et digne de tous les maux dont elle a accablé, dont elle voudrait encore accabler la nation; celle-là je ne veux point lui parler, je ne veux que la combattre à outrance jusqu'à la mort; la seconde est l'élite des amis ardents, des coopérateurs, des plus fermes soutiens de notre Révolution, c'est elle qui a constamment voulu que je sois ici; je ne dois non plus lui rien dire, elle m'a jugé, je ne l'a tromperai jamais dans son attente : la troisième, aussi nombreuse que bien intentionnée, veut également la liberté, mais elle en craint les orages; elle ne hait pas ses défenseurs qu'elle secondera toujours dans les moments de périls, mais elle condamne souvent leur énergie, qu'elle croit habituellement ou déplacée ou dangereuse; c'est à cette classe de citoyens que je respecte, lors même qu'elle prête une oreille trop facile aux insinuations perfides de ceux qui cachent sous le masque de la modération l'atrocité de leurs desseins ; c'est, dis-je, à ces citoyens que je dois, comme magistrat du peuple, me faire bien connaître par une profession de foi solennelle de mes principes politiques.

La nature m'a donné en partage les formes athlétiques, et la physionomie âpre de la liberté. Exempt du malheur d'être né d'une de ces races privilégiées suivant nos vieilles institutions, et par cela même presque toujours abâtardies, j'ai conservé, en créant seul mon existence civile, toute ma vigueur native, sans cependant cesser un seul instant, soit dans ma vie privée, soit dans la profession que j'avais embrassée, de prouver que je savais allier le sang-froid de la raison à la chaleur de l'âme et à la fermeté du caractère.

Si dès les premiers jours de notre génération, j'ai éprouvé tous les bouillonnements du patriotisme, si j'ai consenti à paraître exagéré pour n'être jamais faible, si je me suis attiré une première proscription pour avoir dit hautement ce qu'étaient ces hommes qui voulaient faire le procès à la Révolution, pour avoir défendu ceux qu'on appelait les énergumènes de la liberté, c'est que je vis ce qu'on devait attendre des traîtres qui protégeaient ouvertement les serpents de l'aristocratie.

Si j'ai été toujours irrévocablement attaché à la cause du peuple, si je n'ai pas partagé l'opinion d'une foule de citoyens, bien intentionnés sans doute, sur des hommes dont la vie politique me semblait d'une versatilité bien dangereuse, si j'ai interpellé face à face, et aussi publiquement que loyalement, quelques-uns de ces hommes qui se croyaient les pivots de notre Révolution ; si j'ai voulu qu'ils s'expliquassent sur ce que mes relations avec eux m'avaient fait découvrir de fallacieux dans leurs projets, c'est que j'ai toujours été convaincu qu'il importait au peuple de lui faire connaître ce qu'il devait craindre de personnages assez habiles, pour se tenir perpétuellement en situation de passer, suivant le cours des événements, dans le parti qui offrirait à leur ambition les plus hautes destinées ; c'est que j'ai cru encore qu'il était digne de moi de m'expliquer en présence de ces mêmes hommes, de leur dire ma pensée tout entière, lors même que je prévoyais bien qu'ils se dédommageraient de leur silence en me faisant peindre par leurs créatures avec les plus noires couleurs, et en me préparant de nouvelles persécutions.

Si, fort de ma cause, qui était celle de la nation, j'ai préféré les dangers d'une seconde proscription judiciaire, fondée non pas même sur ma participation chimérique à une pétition trop tragiquement célèbre, mais sur je ne sais quel conte misérable de pistolets emportés en ma présence, de la chambre d'un militaire, dans une journée à jamais mémorable, c'est que j'agis constamment d'après les lois éternelles de la justice, c'est que je suis incapable de conserver des relations qui deviennent impures, et d'associer mon nom à ceux qui ne craignent pas d'apostasier la religion du peuple qu'ils avaient d'abord défendu.

Voilà quelle fut ma vie.

Voici, messieurs, ce qu'elle sera désormais.

J'ai été nommé pour concourir au maintien de la Constitution, pour faire exécuter les lois jurées par la nation; eh bien, je tiendrai mes sermens, je remplirai mes devoirs, je maintiendrai de tout mon pouvoir la Constitution, *rien que la Constitution*, puisque ce sera défendre tout à la fois l'égalité, la liberté et le peuple. Celui qui m'a précédé dans les fonctions que je vais remplir, a dit qu'en l'appelant au ministère le roi donnait une nouvelle preuve de son attachement à la Constitution : le peuple, en me choisissant, veut aussi fortement, au moins, la Constitution; il a donc bien secondé les intentions du roi? Puissions-nous avoir dit, mon prédécesseur et moi, deux éternelles vérités! les archives du monde attestent que jamais peuple lié à ses propres lois, à une royauté constitutionnelle, n'a rompu le premier ses sermens; les nations ne changent ou ne modifient jamais leurs gouvernements que quand l'excès de l'oppression les y contraint : la royauté constitutionnelle peut durer plus de siècles en France que n'en a duré la royauté despotique.

Ce ne sont pas les philosophes, eux qui ne font que des systèmes, qui ébranlent les empires; les vils flatteurs des rois, ceux qui tyrannisent en leurs noms le peuple, et qui l'affament, travaillent plus sûrement à faire désirer un autre gouvernement que tous les philanthropes qui publient leurs idées sur la liberté absolue. La nation française est devenue plus fière sans cesser d'être plus généreuse. Après avoir brisé ses fers, elle a conservé la royauté sans la craindre, et l'a épurée sans la haïr. Que la royauté respecte un peuple dans lequel de longues oppressions n'ont point détruit le penchant à être confiant, et souvent trop confiant; qu'elle livre elle-même à la vengeance des lois tous les conspirateurs sans exception et tous ces valets de conspiration qui se font donner par les lois des à-comptes sur des contre-révolutions chimériques, auxquelles ils veulent ensuite recruter, si je puis parler ainsi, des partisans à crédit. Que la royauté se montre sincèrement enfin l'amie de la liberté, sa *souveraine*, alors elle s'assurera une durée pareille à celle de la nation elle-même, alors on verra que les citoyens qui ne sont accusés d'être *au delà de la constitution* que par ceux mêmes qui sont évidemment *en deçà*; que ces citoyens, quelle que soit leur théorie arbitraire sur la liberté, ne cherchent point à rompre le pacte social; qu'ils ne veulent pas, pour un mieux idéal, renverser un ordre de choses fondé sur l'égalité, la justice et la liberté. Oui, messieurs, je dois le répéter, qu'elles aient été mes opinions individuelles lors de la révision de la Constitution, *sur les choses et sur les hommes*, maintenant qu'elle est jurée, j'appellerai à grands cris la mort sur le premier qui lèverait un bras sacrilège pour l'attaquer, fût-ce mon frère, mon ami, fût-ce mon propre fils; tels sont mes sentiments.

La volonté générale du peuple français manifestée aussi solennellement que son adhésion à la Constitution, sera toujours ma loi suprême. J'ai consacré ma vie tout entière à ce peuple qu'on n'attaquera plus, qu'on ne trahira plus impunément, et qui purgera la terre de tous les tyrans, s'ils ne renoncent pas à la ligue qu'ils ont formée contre lui. Je périrai, s'il le faut, pour défendre sa cause; lui seul aura mes derniers vœux, lui seul les mérite; ses lumières et son courage l'ont tiré de l'abjection du néant; ses lumières et son courage le rendront éternel.

DISCOURS DE DANTON, MINISTRE DE LA JUSTICE, SUR LES MESURES RÉVOLUTIONNAIRES

ASSEMBLÉE LÉGISLATIVE. — *Séance du 28 août 1792.*

Le pouvoir exécutif provisoire m'a chargé d'entretenir l'Assemblée nationale des mesures qu'il a prises pour le salut de l'empire. Je motiverai ces mesures en ministre du peuple, en ministre révolutionnaire. L'ennemi menace le royaume, mais l'ennemi n'a pris que Longwy. Si les commissaires de l'Assemblée n'avaient pas contrarié par erreur les opérations du pouvoir exécutif, déjà l'armée remise à Kellermann se serait concertée avec celle de Dumouriez. Vous voyez que nos dangers sont exagérés.

Il faut que l'armée se montre digne de la nation. C'est par une convulsion que nous avons renversé le despotisme; c'est par une grande convulsion nationale que nous ferons rétrograder les despotes. Jusqu'ici nous n'avons fait que la guerre simulée de Lafayette, il faut faire une guerre plus terrible. Il est temps de dire au peuple qu'il doit se précipiter en masse sur les ennemis.

Telle est notre situation que tout ce qui peut matériellement servir à notre salut doit y concourir. Le pouvoir exécutif va nommer des commissaires pour aller exercer dans les départements l'influence de l'opinion. Il a pensé que vous deviez en nommer aussi pour les accompagner, afin que la réunion des représentants des deux pouvoirs produise un effet plus salutaire et plus prompt.

Nous vous proposons de déclarer que chaque municipalité sera autorisée à prendre l'élite des hommes bien équipés qu'elle possède. On a jusqu'à ce moment fermé les portes de la capitale et on a eu raison; il était important de se saisir des traîtres; mais, y en eût-il 30,000 à arrêter, il faut qu'ils soient arrêtés demain, et que demain Paris communique avec la France entière. Nous demandons que vous nous autorisiez à *faire faire des visites domiciliaires.*

Il doit y avoir dans Paris 80,000 fusils en état. Eh bien! il faut que ceux qui sont armés volent aux frontières. Comment les peuples qui ont conquis la liberté l'ont-ils conservée? Ils ont volé à l'ennemi, ils ne l'ont point attendu. Que dirait la France, si Paris dans la stupeur attendait l'arrivée des ennemis? Le peuple français a voulu être libre; il le sera. Bientôt des forces nombreuses seront rendues ici. On mettra à la disposition des municipalités tout ce qui sera nécessaire, en prenant l'engagement d'indemniser les possesseurs. Tout appartient à la patrie, quand la patrie est en danger. (*On applaudit.*)

SECOND DISCOURS DE DANTON, MINISTRE DE LA JUSTICE, SUR LES MESURES RÉVOLUTIONNAIRES

ASSEMBLÉE LÉGISLATIVE. — *Séance du 2 septembre* 1792.

Il est satisfaisant pour les ministres du peuple libre, d'avoir à lui annoncer que la patrie va être sauvée. Tout s'émeut, tout s'ébranle, tout brûle de combattre.

Vous savez que Verdun n'est point encore au pouvoir de nos ennemis. Vous savez que la garnison a promis d'immoler le premier qui proposerait de se rendre.

Une partie du peuple va se porter aux frontières, une autre va creuser des retranchements, et la troisième, avec des piques, défendra l'intérieur de nos villes. Paris va seconder ces grands efforts. Les commissaires de la Commune vont proclamer d'une manière solennelle, l'invitation aux citoyens de s'armer et de marcher pour la défense de la patrie. C'est en ce moment, messieurs, que vous pouvez déclarer que la capitale a bien mérité de la France entière. C'est en ce moment que l'Assemblée nationale va devenir un véritable comité de guerre. Nous demandons que vous *concouriez avec nous* à diriger le mouvement sublime du peuple, en nommant des commissaires qui nous seconderont dans ces grandes mesures. Nous demandons que quiconque refusera de servir de sa personne ou de remettre ses armes, sera puni de mort.

Nous demandons qu'il soit fait une instruction aux citoyens pour diriger leurs mouvemements. Nous demandons qu'il soit envoyé des courriers dans tous les départements pour avertir des décrets que vous aurez rendus. — Le tocsin qu'on va sonner n'est point un signal d'alarme, c'est la charge sur les ennemis de la patrie. (*On applaudit.*) Pour les vaincre, il nous faut de l'audace, encore de l'audace, toujours de l'audace, et la France est sauvée. (*Les applaudissements recommencent.*)

SUR LE CHOIX DES JUGES PARMI TOUS LES CITOYENS

CONVENTION. — *Séance du 22 septembre 1792.*

Je ne crois pas que vous deviez dans ce moment changer l'ordre judiciaire; mais je pense seulement que vous devez étendre la faculté des choix. Remarquez que tous les hommes de loi sont d'une aristocratie révoltante; si le peuple est forcé de choisir parmi ces hommes *il ne saura où reposer sa confiance.* Je pense qui si l'on pouvait, au contraire, établir dans les élections un principe d'exclusion, ce devrait être contre ces hommes de loi qui jusqu'ici se sont arrogé un privilège exclusif, qui a été une des grandes plaies du genre humain. Que le peuple choisisse à son gré les hommes à talents qui mériteront sa confiance. Il ne se plaindra pas quand il aura choisi à son gré. Au lieu qu'il aura sans cesse le droit de s'insurger contre des hommes entachés d'aristocratie que vous l'auriez forcé de choisir,

Elevez-vous à la hauteur des grandes considérations. Le peuple ne veut point de ses ennemis dans les emplois publics; laissez-lui donc la faculté de choisir ses amis. Ceux qui se sont fait un état de juger les hommes étaient comme les prêtres, les uns et les autres ont éternellement trompé le peuple. La justice doit se rendre par les simples lois de la raison. Et moi aussi je connais les formes ; et si l'on défend l'ancien régime judiciaire, je prends l'engagement de combattre en détail, pied à pied, ceux qui se montreront les sectateurs de ce régime.

Quelques orateurs s'étant opposés à cette motion, Danton reprend :

Il s'agit de savoir s'il y a de graves inconvénients à décréter que le peuple pourra choisir indistinctement parmi tous les citoyens les hommes qu'il croira les plus capables d'appliquer la justice. Je répondrai froidement et sans flagornerie pour le peuple aux observations de M. Chassey. Il lui est échappé un aveu bien précieux ; il vous a dit que, comme membre du tribunal de cassation, il avait vu arriver à ce tribunal une multitude de procès extrêmement entortillés, et tous viciés par des violations de formes. Comment se fait-il qu'il convient que les patriciens sont détestables même en forme, et que cependant il veut que le peuple ne prenne que des patriciens. Il vous a dit ensuite : plus les lois actuelles sont compliquées, plus il faut que les hommes chargés de les appliquer soient versés dans l'étude de ces lois.

Je dois vous dire, moi, que ces hommes infiniment versés dans l'étude des lois sont extrêmement rares, que ceux qui se sont glissés dans la composition actuelle des tribunaux, sont des subalternes : qu'il y a parmi les juges actuels un grand nombre de procureurs et même d'huissiers; eh bien, ces mêmes hommes, loin d'avoir une connaissance approfondie des lois, n'ont qu'un jargon de chicane; et cette science, loin d'être utile, est infiniment funeste. D'ailleurs on m'a mal interprété; je n'ai pas proposé d'exclure les hommes de lois des tribunaux, mais seulement de supprimer l'espèce de privilège exclusif qu'ils se sont arrogé jusqu'à présent. Le peuple élira sans doute tous les citoyens de cette classe, qui unissent le patriotisme aux connaissances, mais, à défaut d'hommes de loi patriotes ne doit-il pas pouvoir élire d'autres citoyens. Le préopinant, qui a appuyé en partie les observations de M. Chassey, a reconnu lui-même la nécessité de placer un prud'homme dans la composition des tribunaux, d'y placer un citoyen, un homme de bon sens, reconnu pour tel dans son canton, pour réprimer l'esprit de dubitation qu'ont souvent les hommes barbouillés de la science de la justice.

En un mot, après avoir pesé ces vérités, attachez-vous surtout à celle-ci : le peuple a le droit de vous dire : tel homme est ennemi du nouvel ordre de choses, il a signé une pétition contre les sociétés populaires, il a adressé à l'ancien pouvoir exécutif des pétitions flagorneuses ; il a sacrifié nos intérêts à la cour, je ne puis lui accorder ma confiance. Beaucoup de juges, en effet, qui n'étaient pas très experts en mouvements politiques, ne prévoyaient pas la Révolution et la République naissante ; ils correspondaient avec le pouvoir exécutif, ils lui envoyaient une foule de pièces qui prouvaient leur incivisme; et, par une fatalité bien singulière, ces pièces, envoyées à M. Joly, ministre de la tyrannie, sont tombées entre les mains du ministre du peuple. C'est alors que je me suis convaincu plus que jamais de la nécessité d'exclure cette classe d'hommes des tribunaux ; en un mot, il n'y a aucun inconvénient grave, puisque le peuple pourra réélire tous les hommes de loi qui sont dignes de sa confiance. (*On applaudit.*)

SUR LES ACCUSATIONS DE DICTATURE

CONVENTION. — *Séance du* 25 *septembre* 1792.

C'est un beau jour pour la nation, c'est un beau jour pour la République française, que celui qui amène entre nous une explication fraternelle. S'il y a des coupables, s'il existe un homme pervers qui veuille dominer despotiquement les représentants du peuple, sa tête tombera aussitôt qu'il sera démasqué. On parle de dictature, de triumvirat. Cette imputation ne doit pas être une imputation vague et indéterminée ; celui qui l'a faite doit la signer ; je le ferai moi, cette imputation dût-elle faire tomber la tête de mon meilleur ami. Ce n'est pas la députation de Paris prise collectivement, qu'il faut inculper ; je ne chercherai pas non plus à justifier chacun de ses membres, je ne suis responsable pour personne; je ne vous parlerai donc que de moi.

Je suis prêt à vous retracer le tableau de ma vie publique. Depuis trois ans j'ai fait tout ce que j'ai cru devoir faire pour la liberté. Pendant la durée de mon ministère j'ai employé toute la vigueur de mon caractère, j'ai apporté dans le conseil toute l'activité et tout le zèle du citoyen embrasé de l'amour de son pays. S'il y a quelqu'un qui puisse m'accuser à cet égard, qu'il se lève, et qu'il parle. Il existe, il est vrai, dans la députation de Paris, un homme dont les opinions sont pour le parti républicain, ce qu'étaient celle de Royou pour le parti aristocratique ; c'est Marat. Assez et trop longtemps l'on m'a accusé d'être l'auteur des écrits de cet homme. J'invoque le témoignage du citoyen qui vous préside (Pétion). Il lut, votre président, la lettre menaçante qui m'a été adressée par ce citoyen ; il a été témoin d'une altercation qui a eu lieu entre lui et moi à la mairie. Mais j'attribue ces exagérations aux vexations que ce citoyen a éprouvées. Je crois que les souterrains dans lesquels il a été enfermé ont ulcéré son âme... Il est très vrai que d'excellents citoyens ont pu être républicains par excès, il faut en convenir ; mais n'accusons pas pour quelques individus exagérés une députation tout entière. Quant à moi, je n'appartiens pas à Paris ; je suis né dans un département vers lequel je tourne toujours mes regards avec un sentiment de plaisir ; mais aucun de nous n'appartient à tel ou tel département, il appartient à la France entière. Faisons donc tourner cette discussion au profit de l'intérêt public.

Il est incontestable qu'il faut une loi vigoureuse contre ceux qui voudraient détruire la liberté publique. Eh bien ! portons-la, cette loi, portons une loi qui prononce la peine de mort contre quiconque se déclarerait en faveur de la dictature ou du triumvirat ; mais après avoir posé ces bases qui garantissent le règne de l'égalité, anéantissons cet esprit de parti qui nous perdrait. On prétend qu'il est parmi nous des hommes qui ont l'opinion de vouloir morceler la France ; faisons disparaître ces idées absurdes, en prononçant la peine de mort contre leurs auteurs. La France doit être un tout indivisible. Elle doit avoir unité de représentation. Les citoyens de Marseille veulent donner la main aux citoyens de Dunkerque. Je demande donc la peine de mort contre quiconque voudrait détruire l'unité en France, et je propose de décréter que la Convention nationale pose pour base du gouvernement qu'elle va établir l'unité de représentation et d'exécution. Ce ne sera pas sans frémir que les Autrichiens apprendront cette sainte harmonie ; alors, je vous jure, nos ennemis sont morts. *(On applaudit.)*

SUR LE SALAIRE DES PRÊTRES

CONVENTION. — *Séance du* 7 *novembre* 1792.

Je viens ajouter quelques idées à celles qu'a développées le préopinant. Sans doute il est douloureux pour les représentants du peuple, de voir que leur caractère est plus indignement, plus insolemment outragé par le peuple lui-même que par ce Lafayette, complice des attentats du despotisme. On ne peut se dissimuler que les partisans du royalisme, les fanatiques et les scélérats qui, malheureusement pour l'espèce humaine, se trouvent disséminés sur tous les points de la République, ne rendent la liberté déplorable. Il y a eu une violation infâme, il faut la réprimer ; il faut sévir contre ceux qui, prétextant la souveraineté nationale, attaque cette souveraineté et se souillent de tous les crimes. (*On applaudit.*) Il y a des individus bien coupables, car, qui peut excuser celui qui veut agiter la France ? N'avez-vous pas décl re que la Constitution serait présentée à l'acceptation du peuple ? Mais il faut se défier d'une idée jetée dans cette assemblée. On a dit qu'il ne fallait pas que les prêtres fussent salariés par le trésor public. On s'est appuyé sur des idées philosophiques qui me sont chères ; car je ne connais d'autre bien que celui de l'univers, d'autre culte que celui de la justice et de la liberté. Mais l'homme maltraité de la fortune cherche des jouissances éventuelles ; quand il voit un homme riche se livrer à tous ses goûts, caresser tous ses désirs, tandis que ses besoins à lui sont restreints au plus étroit nécessaire, alors il croit, et cette idée est consolante pour lui, il croit que dans une autre vie ses jouissances se multiplieront en proportion de ses privations dans celle-ci. Quand vous aurez eu pendant quelque temps des officiers de morale qui auront fait pénétrer la lumière auprès des chaumières, alors il sera bon de parler au peuple morale et philosophie. Mais jusque-là il est barbare, c'est un crime de lèse-nation que d'ôter au peuple des hommes dans lesquels il peut trouver encore quelques consolations. Je penserais donc qu'il serait utile que la Convention fît une adresse pour persuader au peuple qu'elle ne veut rien détruire, mais tout perfectionner ; que si elle poursuit le fanatisme, c'est parce qu'elle veut la liberté des opinions religieuses. Il est encore un objet qui mérite l'attention et qui exige la prompte décision de l'Assemblée. Le jugement du ci-devant roi est attendu avec impatience ; d'une part, le républicain est indigné de ce que ce procès semble interminable ; de l'autre, le royaliste s'agite en tous sens, et comme il a encore des moyens de finances et qu'il conserve son orgueil accoutumé, vous verrez, au grand scandale et au grand malheur de la France, ces deux partis s'entrechoquer encore. S'il faut des sacrifices d'argent, si les millions mis à la disposition du ministre ne suffisent pas, il faut lui en donner de nouveaux ; mais plus vous prendrez des précautions sages, plus aussi doit éclater votre justice contre les agitateurs. Ainsi, d'une part, assurance au peuple qu'il lui sera fourni de blés, accélération du jugement du ci-devant roi, et déploiement des forces nationales contre les scélérats qui voudraient amener la famine au milieu de l'abondance : telles sont les conc'usions que je vous propose, et que je crois les seules utiles. (*On ap 'audit.*)

SUR LES DÉSASTRES DE NOS TROUPES

CONVENTION. — *Séance du* 10 *mars* 1793.

Les considérations générales qui vous ont été présentées sont vraies; mais il s'agit moins en ce moment d'examiner les causes des événements désastreux qui peuvent nous frapper, que d'y appliquer promptement le remède. Quand l'édifice est en feu je ne m'attache pas aux fripons qui enlèvent les meubles, j'éteins l'incendie. Je dis que vous devez être convaincus plus que jamais, par la lecture des dépêches de Dumouriez, que vous n'avez pas un instant à perdre pour sauver la République.

Dumouriez avait conçu un plan qui honore son génie. Je dois lui rendre même une justice bien plus éclatante que celle que je lui rendis dernièrement. Il y a trois mois qu'il a annoncé au pouvoir exécutif, à votre comité de défense générale, que, si nous n'avions pas assez d'audace pour envahir la Hollande au milieu de l'hiver, pour déclarer sur-le-champ la guerre à l'Angleterre qui nous la faisait depuis longtemps, nous doublerions les difficultés de la campagne, en laissant aux forces ennemies le temps de se déployer. Puisque l'on a méconnu ce trait de génie, il faut réparer nos fautes.

Dumouriez ne s'est pas découragé; il est au milieu de la Hollande, il y trouvera des munitions; pour renverser tous nos ennemis il ne lui faut que des Français, et la France est remplie de citoyens. Voulons-nous être libres? Si nous ne le voulons plus, périssons, car nous l'avions juré. Si nous ne voulons, marchons tous pour défendre notre indépendance. Nos ennemis font leurs derniers efforts. Pitt sent bien qu'ayant tout à perdre, il n'a rien à épargner. Prenons la Hollande et Carthagène est détruite, et l'Angleterre ne peut plus vivre que pour la liberté... Que la Hollande soit conquise à la liberté, et l'aristocratie commerciale elle-même, qui domine en ce moment le peuple anglais, s'élèvera contre le gouvernement qui l'aura entraînée dans cette guerre du despotisme contre un peuple libre. Elle renversera ce ministère stupide qui a cru que les talents de l'ancien régime pouvaient étouffer le génie de la liberté qui plane sur la France. Ce ministère renversé par l'intérêt du commerce, le parti de la liberté se montrera, car il n'est pas mort ; et si vous saisissez vos devoirs, si vos commissaires partent à l'instant, si vous donnez la main à l'étranger qui soupire après la destruction de toute espèce de tyrannie, la France est sauvée et le monde est libre.

Faites donc partir vos commissaires : soutenez-les par votre énergie ; qu'ils partent ce soir, cette nuit même ; qu'ils disent à la classe opulente : il faut que l'aristocratie de l'Europe, succombant sous nos efforts, paye notre dette, ou que vous la payiez ; le peuple n'a que du sang ; il le prodigue. Allons, misérables, prodiguez vos richesses. (*De vifs applaudissements se font entendre.*) Voyez, citoyens, les belles destinées qui vous attendent. Quoi ! vous avez une nation entière pour levier, la raison pour point d'appui, et vous n'avez pas encore bouleversé le monde. (*Les applaudissements redoublent.*) Il faut pour cela du caractère, et la vérité est qu'on en a manqué. Je mets de côté toutes les passions, elles me sont toutes parfaitement étrangères, excepté celle du bien public. Dans des circonstances plus difficiles, quand l'ennemi était aux portes de Paris, j'ai dit à ceux qui gouvernaient alors : Vos discussions sont misérables, je ne connais que l'ennemi. (*Nouveaux applaudissements.*) Vous qui me fatiguez de vos contestations particulières, au lieu de vous occuper du salut de la République, je vous répudie tous comme traîtres à la patrie. Je vous mets tous sur la même ligne. Je leurs disais : Eh que m'importe ma réputation ! que la France soit libre et que mon nom soit flétri ! Que m'importe d'être appelé buveur de sang ! Eh bien, buvons le sang des ennemis de l'humanité, s'il le faut ; combattons, conquérons la liberté.

On paraît craindre que le départ des commissaires affaiblisse l'un ou l'autre parti de la Convention. Vaines terreurs ! Portez votre énergie partout. Le plus beau ministère est d'annoncer au peuple que la dette terrible qui pèse sur lui, sera desséchée aux dépens de ses ennemis, ou que le riche le payera avant peu. La situation nationale est cruelle ; le signe représentatif n'est plus en équilibre dans la circulation ; la journée de l'ouvrier est au-dessous du nécessaire ; il faut un grand moyen correctif. Conquérons la Hollande ; ranimons en Angleterre le parti républicain ; faisons marcher la France, et nous irons glorieux à la postérité. Remplissez ces grandes destinées ; point de débats ; point de querelles, et la patrie est sauvée.

SUR L'INSTRUCTION GRATUITE ET OBLIGATOIRE.

CONVENTION. — *Séance du* 13 *août* 1793.

Citoyens, après la gloire de donner la liberté à la France, après celle de vaincre ses ennemis, il n'en est pas de plus grande que de préparer aux générations futures une éducation digne de la liberté ; tel fut le but que Lepelletier se proposa. Il partit de ce principe que tout ce qui est bon pour la société doit être adopté par ceux qui ont prit part au contrat social. Or, s il est bon d'éclairer les hommes, notre collègue, assassiné par la tyrannie, mérita bien de l'humanité. Mais que doit faire le législateur ? Il doit concilier ce qu'il convient aux principes et ce qui convient aux circonstances. On a dit contre le plan que l'amour paternel s'oppose à son exécution : sans doute il faut respecter la nature même dans ses écarts. Mais si nous ne décrétons pas l'éducation impérative, nous ne devons pas priver les enfants du pauvre de l'éducation.

La plus grande objection est celle de la finance ; mais j'ai déjà dit qu'il n'y a point de dépense réelle là où est le bon emploi pour l'intérêt public, et j'ajoute ce principe, que l'enfant du peuple sera élevé aux dépens du superflu des fortunes scandaleuses. C'est à vous, républicains célèbres, que j'en appelle ; mettez ici tout le feu de votre imagination, mettez-y toute l'énergie de votre caractère, c'est le peuple qu'il faut doter de l'éducation nationale. Quand vous semez dans le vaste champ de la République, vous ne devez pas compter le prix de cette semence Après le pain, l'éducation est le premier besoin du peuple. (*On applaudit*) Je demande qu'on pose la question : sera-t-il formé aux dépens de la nation des établissements, où chaque citoyen aura la faculté d'envoyer ses enfants pour l'instruction publique ?

C'est aux moines, cette espèce misérable, c'est au siècle de Louis XIV, où les hommes étaient grands par leurs connaissances, que nous devons le siècle de la philosophie, c'est-à dire de la raison mise à la portée du peuple ; c'est aux jésuites, qui se sont perdus par leur ambition politique, que nous devons ces élans sublimes qui font naître l'admiration. La République était dans les esprits vingt ans au moins avant sa proclamation. Corneille faisait des épîtres dédicatoire à Montauron, mais Corneille avait fait le Cid, Cinna ; Corneille avait parlé en Romain, et celui qui avait dit : « Pour être plus qu'un roi tu te crois quelque chose, » était un vrai républicain.

Allons donc à l'instruction commune; tout se rétrécit dans l'éducation domestique, tout s'agrandit dans l'éducation commune. On a fait une objection en présentant le tableau des affections paternelles; et moi aussi je suis père, et plus que les aristocrates qui s'opposent à l'éducation commune, car ils ne sont pas sûrs de leur paternité. (*On rit.*) Eh bien, quand je considère ma personne relativement au bien général, je me sens élevé ; mon fils ne m'appartient pas, il est à la République ; c'est à elle à lui dicter ses devoirs pour qu'il la serve bien.

On a dit qu'il répugnerait aux cœurs des cultivateurs de faire le sacrifice de leurs enfants. Eh bien, ne les contraignez pas, laissez leur en la faculté seulement. Qu'il y ait des classes où il n'enverra ses enfants que le dimanche seulement, s'il le veut. Il faut que les institutions forment les mœurs. Si vous attendiez pour l'État une régénération absolue, vous n'auriez jamais d'instruction. Il est nécessaire que chaque homme puisse développer les moyens moraux qu'il a reçu de la nature. Vous devez avoir pour cela des maisons communes, facultatives, et ne point vous arrêter a toutes les considérations secondaires. Le riche payera, et il ne perdra rien s'il veut profiter de l'instruction pour son fils. Je demande que, sauf les modifications nécessaires, vous décrétiez qu'il y aura des établissements nationaux où les enfants seront instruits, nourris et logés gratuitement, et des classes où les citoyens qui voudront garder leurs enfants chez eux, pourront les envoyer s'instruire.

CONVENTION. — *Séance du* 12 *décembre* 1793.

Il est temps de rétablir ce grand principe qu'on semble méconnaître: que les enfants appartiennent à la République avant d'appartenir à leurs parents. Personne plus que moi ne respecte la nature. Mais l'intérêt social exige que là seulement doivent se réunir les affections. Qui me répondra que les enfants, travaillés par l'égoïsme des pères, ne deviennent dangereux pour la République. Nous avons assez fait pour les affections, nous devons dire aux parents : nous ne vous arrachons pas vos enfants; mais vous ne pourrez les soustraire à l'influence nationale.

En quoi donc nous importe la raison d'un individu devant la raison nationale ? Qui de nous ignore les dangers que peut produire cet isolement perpétuel? C'est dans les écoles nationales que l'enfant doit sucer le lait républicain. La République est une et invisible. L'instruction publique doit aussi se rapporter à ce centre d'unité. A qui d'ailleurs accorderions-nous cette faculté de s'isoler? C'est au riche seul. Et que dira le pauvre, contre lequel peut-être on élèvera des serpents ? J'appuie donc l'amendement proposé. (*Vifs applaudissements*)

SUR L'ORGANISATION DE L'INSTRUCTION PUBLIQUE.

CONVENTION. — *Séance du 26 novembre* 1793.

Dans ce moment ou la superstition succombe pour faire place à la raison, vous devez donner une centralité à l'instruction publique, comme vous en avez donné une au gouvernement. Sans doute vous disséminerez dans les départements des maisons où la jeunesse sera instruite dans les grands principes de la raison et de la liberté ; mais le peuple entier doit célébrer les grandes actions qui auront honoré notre révolution. Il faut qu'il se réunisse dans un vaste temple, et je demande que les artistes les plus distingués concourent pour l'élévation de cet édifice, où à un jour indiqué seront célébrés les jeux nationaux. Si la Grèce eut ses jeux olympiques, la France solennisera aussi ses jours sans-culottides. Le peuple aura des fêtes dans lesquelles il offrira de l'encens à l'être Suprême, au maître de la nature; car nous n'avons pas voulu anéantir le règne de la superstition, pour établir le règne de l'athéisme.

Citoyens, que le berceau de la liberté soit encore le centre des fêtes nationales. Je demande que la Convention consacre le Champ-de-Mars aux jeux nationaux, qu'elle ordonne d'y élever un temple où les français puissent se réunir en grand nombre. Cette réunion alimentera l'amour sacré de la liberté, et augmentera les ressorts de l'énergie nationale ; c'est par de tels établissements que nous vaincrons l'univers. Des enfants vous demandent d'organiser l'instruction publique ; c'est le pain de la raison, vous le leur devez ; c'est la raison, ce sont les lumières qui font la guerre aux vices. Notre révolution est fondée sur la justice, elle doit être consolidée par les lumières. Donnons des armes à ceux qui peuvent les porter, de l'instruction à la jeunesse, et des fêtes nationales au peuple.

SUR L'ABOLITION DE L'ESCLAVAGE.

CONVENTION. — *Séance du 6 février* 1794.

Représentants du peuple français, jusqu'ici nous n'avions décrété la liberté qu'en égoïstes et pour nous seuls. Mais aujourd'hui nous proclamons à la face de l'univers, et les générations futures trouveront leur gloire dans ce décret, nous proclamons la liberté universelle. Hier, lorsque le président donna le baiser fraternel au député de couleur, je vis le moment où la Convention devait décréter la liberté de nos frères. La séance était trop nombreuse. La Convention vient de faire son devoir. Mais après avoir accordé le bienfait de la liberté, il faut que nous en soyons pour ainsi dire les modérateurs. Renvoyons au comité de salut public et des colonies, pour combiner les moyens de rendre ce décret utile à l'humanité, sans aucun danger pour elle.

Nous avions déshonoré notre gloire en tronquant nos travaux. Des grands principes développés par le vertueux Las Casas avaient été méconnus. Nous travaillons pour les générations futures, lançons la liberté dans les colonies, c'est aujourd'hui que l'anglais est mort. (*On applaudit.*) En jetant la liberté dans le Nouveau Monde, elle y portera des fruits abondants, elle y poussera des racines profondes. En vain Pitt et ses complices voudront par des considération politiques écarter la jouissance de ce bienfait, ils vont être entraînés dans le néant, la France va reprendre le rang et l'influence que lui assure son énergie, son sol et sa population. Nous jouirons nous-mêmes de notre générosité, mais nous ne l'étendrons point au-delà des bornes de la sagesse. Nous abattrons les tyrans comme nous avons écrasé les hommes perfides qui voulaient faire rétrograder la révolution. Ne perdons point notre énergie, lançons nos frégates, soyons sûrs des bénédictions de l'univers et de la postérité, et décrétons le renvoi des mesures à l'examen du comité.

BULLETIN DU TRIBUNAL RÉVOLUTIONNAIRE

Audience du 13 germinal, an II de la République française.

AFFAIRE CHABOT ET COMPLICES

Interrogé sur son nom, surnom, age, qualité et demeure, Danton a répondu se nommer *Georges-Jacques-Danton, âgé de 34 ans, natif dArcis sur-Aube, avocat, député à la Convention, domicilié à Paris, rue des Cordeliers.* A la demande de son domicile, Danton a d'abord répondu : *bientot le néant, et mon nom au Panthéon.*

Le Président. — Accusés, soyez attentif à ce que vous allez entendre.

Le greffier lit le rapport d'Amar, rapport qui n'est que la répétion de celui qu'avait lu le 31 mars, devant la Convention, Saint-Just, au nom du comité du Salut public.

(Numéro 16 du *Bulletin du tribunal.*)

Le numéro 20 et une partie du 20e renferment les interrogatoires des coaccusés de Danton — puis commence celui de ce dernier inculpé.

Demande. — Danton, la Convention nationale vous accuse d'avoir favorisé Dumouriez, de ne l'avoir pas fait connaître tel qu'il était, d'avoir partagé ses projets liberticides, tels que de faire marcher une armée sur Paris, pour détruire le gouvernement républicain et rétablir la royauté.

Réponse. — Ma voix qui, tant de fois, s'est fait entendre pour la cause du peuple, pour appuyer et défendre ses intérêts, n'aura pas de peine à repousser la calomnie.

Les lâches qui me calomnient oseraient-ils m'attaquer en face, qu'ils se montrent, et je les couvrirais eux-mêmes de l'ignominie, de l'opprobre qui les caractérise? Je l'ai dit et je le répète : *mon domicile est bientôt, dans le néant, et mon nom au Panthéon !...* Ma tête est là, elle répond de tout! La vie m'est à charge, il me tarde d'en être délivré!...

Le Président à l'accusé. — Danton, l'audace est le propre du crime, et la modération est celui de l'innocence. Sans doute, la défense est de droit légitime, mais c'est une défense qui sait se renfermer dans les bornes de la décence et de la modération, qui sait tout respecter, même jusqu'à ses accusateurs. Vous êtes traduit ici par la première des autorités; vous devez toute obéissance à ses décrets, et ne vous occuper que de vous justifier des différents chefs d'accusation dirigés contre vous; je vous invite à vous en acquitter avec précision, et surtout à vous circonscrire dans les faits.

Réponse. — L'audace individuelle est sans doute répréhensible, et jamais elle ne put m'être reprochée; mais l'audace nationale dont j'ai tant de fois donné l'exemple, dont j'ai servi la chose publique; ce genre d'audace est permis, et il est même nécessaire en révolution, et c'est de cette audace que je m'honore. Lorsque je me vois si grièvement, si injustement inculpé, suis-je le maître de commander au sentiment d'indignation qui me soulève contre mes détracteurs. Est-ce d'un révolutionnaire comme moi, aussi fortement prononcé, qu'il faut attendre une réponse froide? Les hommes de ma trempe sont impayables, c'est sur leurs fronts qu'est imprimé en caractères ineffaçables le sceau de la liberté, le génie républicain; et c'est moi que l'on accuse d'avoir rampé aux pieds de vils despotes, d'avoir toujours été contraire au parti de la liberté, d'avoir conspiré avec Mirabeau et Dumouriez! Et c'est moi que l'on somme de répondre à la justice inévitable, inflexible!... Et toi, Saint-Just, tu répondras à la postérité de la diffamation lancée contre le meilleur ami du peuple, contre son plus ardent défenseur!... En parcourant cette liste d'horreur, je sens toute mon existence frémir.

Danton allait continuer sur le même ton, lorsque le président lui observe de nouveau qu'il manque tout à la fois à la représentation nationale, au tribunal et au peuple souverain, qui a le droit incontestable de lui demander compte de ses actions :

Marat fut accusé comme vous. Il sentit la nécessité de se justifier, remplit ce devoir en bon citoyen, établit son innocence en termes respectueux, et n'en fut que plus aimé du peuple, dont il n'avait cessé de stipuler les intérêts. Marat ne s'indigna pas contre ses calomniateurs; à des faits, il n'opposa point des probabilités, des vraisemblances, il répondit catégoriquement à l'accusation portée contre lui, s'appliqua à en démentrer la fausseté et y parvint. Je ne puis vous proposer de meilleur modèle, il est de votre intérêt de vous y conformer.

Réponse. — Je vais donc descendre à ma justification, je vais suivre le plan de défense adopté par Saint-Just. Moi, vendu à Mirabeau, à d'Orléans, à Dumouriez! Moi, le partisan des royalistes et de la royauté. A-t-on donc oublié que j'ai été nommé administrateur contradictoirement avec tous les contre révolutionnaires qui m'exécraient? Des intelligences de ma part avec Mirabeau! Mais tout le monde sait que j'ai combattu Mirabeau, que j'ai contrarié tous ses projets, toutes les fois que je les ai crus funestes à la liberté. Me taisais-je sur le compte de Mirabeau lorsque je défendais Marat attaqué par cet homme altier? Ne faisais-je pas plus qu'on avait droit d'attendre d'un citoyen ordinaire? Ne me suis-je pas montré lorsque l'on voulait soustraire le tyran en le traînant à Saint-Cloud?

(Numéro 21 du *Bulletin du tribunal).*

Danton continue :

N'ai-je point fait afficher au district des Cordeliers la nécessité de s'insurger? J'ai toute la plénitude de ma tête lorsque je provoque mes accusateurs, lorsque je demande à me mesurer avec eux... Qu'on me les produise, et je les replonge dans le néant, dont ils n'auraient jamais dû sortir!... Vils imposteurs, paraissez, et je vais vous arracher le masque qui vous dérobe à la vindicte publique!

Le Président. — Danton, ce n'est point par des sorties indécentes contre vos accusateurs que vous parviendrez à convaincre le jury de votre innocence. Parlez-lui un langrge qu'il puisse entendre; mais n'oubliez pas que ceux qui vous accusent jouissent de l'estime publique, et n'ont rien fait qui puisse leur enlever ce témoignage sérieux.

Réponse. — Un accusé comme moi, qui connaît les hommes et les choses, répond devant le jury, mais ne lui parle pas; je me défends et je ne calomnie pas.

Jamais l'ambition ni la cupidité n'eurent de puissance sur moi; jamais ces passions ne me firent compromettre la chose publique : tout entier à ma patrie, je lui ai fait le généreux sacrifice de mon existence.

C'est dans cet esprit que j'ai combattu l'infâme Pastoret, Lafayette, Bailly et tous les conspirateurs qui voulaient s'introduire dans les postes les plus importants, pour mieux et plus facilement assassiner la liberté. Il faut que je parle de trois coquins qui ont perdu Robespierre. J'ai de choses essentielles à révéler; je demande à être entendu paisiblement, le salut de la patrie en fait une loi.

Le Président. — Le devoir d'un accusé, son intérêt personnel veulent qu'il s'explique d'une manière claire et précise sur les faits à lui imputés ; qu'il établisse lumineusement sa justification sur chaque reproche à lui fait, et ce n'est que lorsqu'il a porté la conviction dans l'âme de ses juges, qu'il devient digne de quelque foi, et peut se permettre des dénonciations contre des hommes investis de la confiance publique ; je vous invite donc à vous renfermer dans votre défense et à n'y rien joindre d'étranger.

C'est la Convention tout entière qui vous accuse, je ne crois pas qu'il entre dans votre plan d'en faire suspecter quelques-uns ; car en admettant le bien fondé de ces soupçons envers quelques individus, l'accusation portée contre vous en nombre collectif n'en serait nullement affaiblie.

Réponse. — Je reviens à ma défense. Il est de notoriété publique que j'ai été nommé à la Convention en très petite minorité par les bons citoyens, et que j'étais odieux aux mauvais.

Lorsque Mirabeau voulut s'en aller à Marseille, je pressentis ses desseins perfides, je les dévoilai et le forçai de demeurer au fauteuil, et c'est ainsi qu'il était parvenu à me saisir, à m'ouvrir la bouche ou à me la fermer ! C'est une chose bien étrange que l'aveuglement de la Convention nationale, jusqu'à ce jour sur mon compte, c'est une chose vraiment miraculeuse que son illumination subite !

Le Président. — L'ironie à laquelle vous avez recours ne détruit pas le reproche à vous fait de vous être couvert en public du masque de patriotisme pour tromper vos collègues et favoriser secrètement la royauté. Rien de plus ordinaire que la plaisanterie, les jeux de mots aux accusés qui se sentent pressés et accablés de leurs propres faits sans pouvoir les détruire.

Réponse. — Je me souviens effectivement d'avoir provoqué le rétablissement de la royauté, la résurrection de toute la puissance monarchique, d'avoir protégé la fuite du tyran, en m'opposant de toutes mes forces à son voyage de Saint-Cloud, et faisant hérisser de piques et de baionnettes son passage, en enchaînant en quelque sorte ses coursiers fougueux ; si c'est là se déclarer le partisan de a royauté, s'en montrer l'ami, si à ces traits on peut reconnaître, l'homme favorisant la tyrannie, dans cette hypothèse, j'avoue être coupable de ces crimes. J'ai dit à un patriote rigide, dans un repas, qu'il compromettait la bonne cause en s'écartant du chemin où marchaient Barnave et Lameth, qui abandonnaient le parti populaire.

Je soutiens le fait de toute fausseté, et je défie à qui que ce soit de me le prouver. A l'égard de mes motions relatives au Champ-de-Mars, j'offre de prouver que la pétition à laquelle j'ai concouru, ne contenait que des intentions pures, que, comme l'un des auteurs de cette pétition, je devais être assassiné comme les autres, et que des meurtriers furent envoyés chez moi pour m'immoler à la rage des contre-révolutionnaires. Étais-je donc un objet de reconnaissance pour la tyrannie, lorsque les agents de mes cruels persécuteurs, n'ayant pu m'assassiner dans ma demeure d'Arcis-sur-Aube, cherchaient à me porter le coup le plus sensible pour un homme d'honneur, en obtenant contre moi un décret de prise de corps, et essayant de le mettre à exécution dans le corps électoral.

Le Président. — Ne vous êtes pas émigré au 17 juillet 89? N'êtes-vous pas passé en Angleterre?

Reponse. — Mes beaux-frères allaient en ce pays pour affaire de commerce, et je profitai de l'occasion; peut-on m'en faire un crime?

Le despotisme était encore dans toute sa prépondérance; et alors il n'était encore permis que de soupirer en secret pour le règne de la liberté. Je m'exilai donc, je me bannis, et je jurai de ne rentrer en France que quand la liberté y serait admise.

Le Président. — Marat, dont vous prétendez avoir été le défenseur, le protecteur, ne se conduisait pas ainsi, lorsqu'il s'agissait de poser les fondements de la liberté; lorsqu'elle était à son berceau et environnée du plus grand danger, il n'hésitait pas à le partager.

Réponse. — Et moi, je soutiens que Marat est passé deux fois en Angleterre, et que Ducos et Fonfrède lui doivent leur salut.

Dans le temps où la puissance royale était encore la plus redoutable, je proposai la loi de Valérius Publicola, qui permettait de tuer un homme sur la responsabilité de sa tête. J'ai dénoncé Louvet; j'ai défendu les sociétés populaires au péril de ma vie, et même dans un moment où les patriotes étaient en très petit nombre.

L'ex-ministre Lebrun étant au fauteuil, a été pour moi démasqué; appelé contre lui, j'ai démontré sa culpabilité avec Brissot.

On m'accuse de m'être retiré à Arcis-sur-Aube, au moment où a journée du 10 août était prévue, où le combat des hommes libres devait s'engager avec les esclaves.

A cette inculpation, je réponds avoir déclaré à cette époque que le peuple français serait victorieux ou que je serai mort; je demande à produire pour témoin de ce fait le citoyen Payen, il me faut, ai-je ajouté, les lauriers ou la mort.

Où sont donc tous ces hommes qui ont eu besoin de presser Danton pour l'engager à se montrer dans cette journée? Où sont donc tous ces êtres privilégiés dont il a emprunté l'énergie?

Depuis deux jours, le tribunal connaît Danton; demain, il espère s'endormir dans le sein de la gloire, jamais il n'a demandé grâce, et on le verra voler à l'échafaud avec la sérénité ordinaire au calme de la conscience.

Pétion, sortant de la commune, vint aux Cordeliers, il nous dit que le tocsin devait sonner à minuit, et que le lendemain devait être le tombeau de la tyrannie; il nous dit que l'attaque des royalistes était concertée pour la nuit mais qu'il avait arrangé les choses de manière que tout se ferait en plein jour et serait terminé à midi, et que la victoire était assurée pour tous les patriotes.

Quant à moi, dit Danton, je n'ai quitté ma section qu'après avoir recommandé de m'avertir, s'il arrivait quelque chose de nouveau.

Je suis resté pendant douze heures de suite à ma section, et y suis retourné le lendemain, à 9 heures. Voilà le repos honteux auquel je me livrai, suivant le rapporteur. A la municipalité on m'a entendu, demander la mort de Mandat. Mais suivons Saint-Just dans ses accusations. Favre, parlementant avec la Cour, était l'ami de Danton. Et, sans doute, on en donnera pour preuve le courage avec lequel Favre essuya le feu de file qui se faisait sur le Français.

Un courtisan disait que les patriotes étaient perdus. Que fait Danton? Tout pour prouver son attachement à la Révolution.

On se demande quelle est l'utilité de l'arrivée de Danton à la Législature?

Et je réponds qu'elle est importante au salut public, et que plusieurs de mes actions le prouvent. J'ai droit d'opposer mes services lorsqu'ils sont contestés, lorsque je me demande ce que j'ai fait pour la Révolution.

Pendant mon ministère, il s'agit d'envoyer un ambassadeur à Londres pour resserrer l'alliance des deux peuples. Noël, journaliste contre-révolutionnaire, est proposé par Lebrun, et je ne m'y oppose pas. A ce reproche je réponds que je n'étais pas ministre des affaires étrangères. On m'a présenté les expéditions : je n'étais pas le despote du conseil. Roland protégeait Noël; l'ex-marquis Chauvelin disait que Noël était un trembleur et qu'ils se balanceraient l'un l'autre avec Merger, jeune homme de dix-huit ans, qui était mon parent.

J'ai présenté à la Convention nationale Favre comme un homme adroit, j'ai annoncé Fabre comme l'auteur du Philinte et réunissant des talents. J'ai dit qu'un prince du sang, comme d'Orléans, placé au milieu des représentants du peuple, leur donnerait plus d'importance aux yeux de l'Europe.

Le fait est faux : il n'a d'importance que celle qu'on a voulu lui donner. Je vais rétablir ce fait dans son intégrité. Robespierre disait : Demandez à Danton pourquoi il a fait nommer d'Orléans : il serait plaisant de le voir figurer dans la Convention comme suppléant.

Un juré observe que d'Orléans était désigné comme devant être nommé le vingt-quatrième suppléant, et qu'il le fut effectivement dans cet ordre de rang.

Danton poursuit : On m'a déposé cinquante millions, je l'avoue; j'offre d'en rendre un fidèle compte : c'était pour donner de l'impulsion à la Révolution.

Le témoin Cambon déclare avoir connaissance qu'il a été donné 400,000 liv. à Danton pour dépenses secrètes et autres, et qu'il a remis 130,000 liv. en numéraire.

Réponse. — J'ai dépensé, à bureau ouvert, 200,000 liv. Ces fonds ont été les leviers avec lesquels j'ai électrisé les départements. J'ai donné 6,000 liv. à Billaud-Varennes, et m'en suis rapporté à lui.

J'ai laissé Fabre à la disponibilité de toutes les sommes dont un secrétaire peut avoir besoin pour déployer toute son âme; et en cela je n'ai rien fait que de licite.

On m'accuse d'avoir donné des ordres pour sauver Duport à la faveur d'une émeute concertée à Melun, par mes émissaires, pour fouiller une voiture d'armes.

Je réponds que le fait est de toute fausseté, et que j'ai donné les ordres les plus précis pour arrêter Duport, et j'invoque à cet égard, Panis et Duplain.

Ce fait pourrait regarder Marat plutôt que moi, puisqu'il a produit une pièce ayant pour objet de sauver Duport, qui a voulu m'assassiner avec Lameth : le jugement criminel des relations existe; mais je n'ai pas voulu suivre cette affaire, parce que je n'avais pas la preuve acquise de l'assassinat prémédité contre moi.

Marat avait une acrimonie de caractère qui, quelquefois, le rendait sourd à mes observations, il ne voulut pas m'écouter sur l'opinion que je lui donnais de ces deux individus : Duport et Lameth.

On m'accuse encore : d'être d'intelligence avec Guadet, Brissot, Barbaroux et toute la faction proscrite. Je réponds que le fait est bien contradictoire avec l'animosité que me témoignaient ces individus; car Barbaroux demandait la tête de Danton, de Robespierre et de Marat.

Sur les faits relatifs à mes prétendues intelligences avec Dumouriez, je réponds ne l'avoir vu qu'une seule fois, au sujet d'un particulier avec lequel il était brouillé, et de 17,000,000 dont je lui demandais compte.

Il est vrai que Dumouriez essaya de me ranger de son parti, qu'il chercha à flatter mon ambition en me proposant le ministère, mais je me déclarais ne vouloir occuper de pareilles places, qu'au bruit du canon.

On me reproche encore d'avoir eu des entretiens particuliers avec Dumouriez, de lui avoir juré une amitié éternelle, et ce au moment de ses trahisons. A ces faits ma réponse est facile. Dumourier avait la vanité de se faire passer pour général ; lors de sa victoire remportée à Sainte-Menehould, je n'étais pas d'avis qu'il repassât la Marne, et c'est à ce sujet que je lui envoyais Fabre en embassade, avec recommandation expresse de caresser l'amour-propre de cet orgueilleux. Je dis donc à Fabre de persuader à Dumouriez qu'il serait *généralissime*, et à Kellermann qu'il serait nommé maréchal de France.

On me parle aussi de Westermann, mais je n'ai rien eu de commun avec lui; je sais qu'à la journée du 10 août, Westermann sortit des Tuileries, tout couvert du sang des royalistes, et moi je disais qu'avec 17,000 hommes, disposés comme j'en aurais donné le plan, on aurait pu sauver la patrie.

(Numéro 22 du *Bulletin du tribunal révolutionnaire.*)

DANTON. — Les jurés doivent se souvenir de cette séance des Jacobins, où Westermann fut embrassé si chaudement par les patriotes.

UN JURÉ. — Pourriez vous dire la raison pour laquelle Dumouriez ne poursuivit pas les Prussiens, lors de leur retraite.

RÉPONSE. — Je ne me mêlais de la guerre que sous des rapports politiques; les opérations militaires m'étaient totalement étrangères. Au surplus, j'avais chargé Billaud-Varennes de surveiller Dumouriez; c'est lui qu'il faut interroger sur cette matière. doit un compte particulier des observations dont il était chargé. Il

LE JURÉ. — Comment se fait-il que Billaud-Varennes n'ait pas pénétré les projets de Dumouriez, qu'il n'ait pas pressenti ses trahisons et ne les ait pas dévoilées?

RÉPONSE. — Lorsque l'événement a prononcé, il est bien facile de juger; il n'en est pas de même tant que le voile de l'avenir existe; mais d'ailleurs, Billaud-Varennes a fait à la Convention son rapport sur Dumouriez et ses agents.

Billaud m'a paru fort embarrassé sur le compte de ce Dumouriez. Il n'avait pas une opinion bien déterminée sur ce fourbe adroit qui avait l'assentiment de tous les représentants : « Dumouriez, me disait Billaud, nous sert-il fidèlement, ou est-ce un traître? Je n'ose le décider. »

Quant à moi, dit Danton, cet homme m'était suspect à certains égards; aussi me suis-je fait un devoir de le dénoncer.

Danton parlait depuis longtemps avec cette véhémence, cette énergie qu'il a tant de fois employée dans les assemblées. En parcourant la série des accusations qui lui étaient personnelles, il avait peine à se défendre de certains mouvements de fureur qui l'animaient; sa voix altérée indiquait assez qu'il avait besoin de repos. Cette position pénible fut sentie de tous les juges, qui l'invitèrent à suspendre ses moyens de justification, pour les reprendre avec plus de calme et de tranquillité.

Danton se rendit à l'invitation et se tut. (Numéro 23 du *Bulletin du tribunal révolutionnaire.*)

Suit l'interrogatoire de quelques-uns des autres accusés; ceux-ci se récriant, l'accusateur public leur dit :

Il est temps de faire cesser cette lutte tout à la fois scandaleuse et pour le tribunal et pour tous ceux qui vous entendent; je vais écrire à la Convention pour connaître son vœu, il sera bien exactement suivi.

(Numéro 24 du *Bulletin du tribunal.*)

Dans la séance de la Convention du 15 germinal, Saint-Just, au nom du Comité de salut public et de sûreté générale, monte à la tribune et dit :

L'accusateur public du tribunal révolutionnaire a mandé que la révolte des coupables avait fait suspendre les débats de la justice jusqu'à ce que la Convention ait pris des mesures. Vous avez échappé au danger le plus grand qui jamais ait menacé la liberté; maintenant tous les complices sont découverts, et la révolte des criminels aux pieds de la justice même, intimidés par la loi, explique le secret de leur conscience; leur désespoir, leur fureur annonce que la bonhomie qu'ils faisaient paraitre, est le piége le plus hypocrite qui ait tendu à la Révolution.

Quel innocent s'est jamais révolté devant la loi? Il ne faut pas d'autres preuves de leurs attentats que leur audace. Quoi! ceux que nous avons accusés d'être les complices de Dumouriez et d'Orléans, ceux qui n'ont fait une révolution qu'en faveur d'une dynastie nouvelle; ceux-là qui ont conspiré pour le malheur et l'esclavage du peuple, mettent le comble à leur infamie.

S'il est ici des hommes véritablement amis de la liberté, si l'énergie qui convient à des hommes qui ont entrepris d'affranchir leur pays, est dans leur cœur, vous verrez qu'il n'y a plus de conspirateurs cachés à punir, mais des conspirateurs à front découvert, qui comptant sur l'aristocratie avec laquelle ils ont marché depuis plusieurs années, appellent sur le peuple la vengeance du crime.

Non, la liberté ne reculera pas devant ses ennemis : leur coalition est découverte. Dillon, qui ordonne à son armée de marcher sur Paris, a déclaré que la femme de Desmoulins avait touché de l'argent pour exciter un mouvement, pour assassiner les patriotes et le tribunal révolutionnaire. Nous vous remercions de nous avoir placés au poste de l'honneur; comme vous, nous couvrirons la patrie de nos corps.

Mourir n'est rien pourvu que la Révolution triomphe; voilà le jour de gloire, voilà le jour où le Sénat romain lutta contre Catilina, voilà le jour de consolider pour jamais la liberté publique. Vos comités vous répondent d'une surveillance héroïque. Qui peut vous refuser sa vénération dans ce moment terrible, où vous combattez pour la dernière fois contre la faction qui fut indulgente pour vos ennemis, et qui aujourd'hui retrouve sa fureur pour combattre la liberté?

Vos comités estiment peu la vie, ils font cas de l'honneur. Peuple, tu triompheras, mais puisse cette expérience te faire aimer la Révolution par les périls auxquels elle expose tes amis.

Il était sans exemple que la justice eût été insultée; et si elle le fut, ce n'a jamais été que par des émigrés insensés, prophétisant la tyrannie. Eh bien, les nouveaux conspirateurs ont récusé la conscience publique. Que faut-il de plus pour achever de nous convaincre de leurs attentats? Les malheureux, ils avouent leurs crimes en résistant aux lois. Il n'y a que les criminels que l'équité terrible épouvante. Combien étaient-ils dangereux tous ceux qui sous des formes simples cachent leurs complots et leur audace. En ce moment on conspire dans les prisons en leur faveur; en ce moment l'aristocratie se remue : la lettre qu'on va vous lire vous démontrera vos dangers.

Est ce par privilège que les accusés se montrent insolents? Qu'on rappelle donc le tyran, Custine et Brissot du tombeau, car ils n'ont pas joui du privilège épouvantable d'insulter leurs juges. Dans le péril de la patrie, dans le degré de majesté où vous a placés le peuple, marquez la distance qui vous sépare des coupables. C'est dans ces vues que le comité vous propose le décret suivant :

« La Convention nationale, après avoir entendu le rapport de ses comités de salut public et de sûreté générale, décrète que le tribunal révolutionnaire continuera l'instruction relative à la conjuration Lacroix, Danton et autres, que le président emploiera tous les moyens que la loi lui donne pour faire respecter son autorité et celle du tribunal révolutionnaire, et pour réprimer toute tentative de la part des accusés pour troubler la tranquillité publique, et entraver la marche de la justice :

« Décrète que tout prévenu de conspiration, qui résistera ou qui insultera la justice nationale, sera mis hors des débats sur-le-champ.

L'ACCUSATEUR PUBLIC. — Danton, vous êtes accusé d'avoir blâmé Henriot dans la journée du 31 mai ; de l'avoir accusé de vouloir vous assassiner et d'avoir demandé la tête de ce patriote qui servait si bien la liberté; et en cela vous étiez d'accord avec Hérault et Lacroix; vous lui faisiez un crime du mouvement qu'il avait fait pour échapper à un acte d'oppression de votre part; comme vous présagiez la perte de Paris.

DANTON. — C'est une monstrueuse calomnie dirigée contre moi; je ne fus point l'ennemi de la révolution du 31 mai, ni de pensées, ni d'actions, et je combattis fortement les opinions d'Isnard; je m'élevai fortement contre les présages; je dis : y a-t-il cinquante membres comme nous, cela suffirait pour exterminer les conspirateurs.

(N° 24 du *Bulletin du tribunal.*)

L'ACCUSATEUR PUBLIC. — N'ayant pu consommer votre projet,

vous dissimulâtes votre fureur, vous regardâtes Henriot, et lui dites d'un ton hypocrite : n'aie pas peur, va toujours ton train.

DANTON. — Bien longtemps avant l'insurrection, elle avait été prévue par moi, et nous ne nous sommes présentés devant la force armée que pour constater que la Convention n'était pas esclave. Je somme de nouveau les témoins qui pourraient m'accuser, comme j'invoque l'audition de ceux propres à m'absoudre... Je n'ai point demandé l'arrestation d'Henriot, et je fus un de ses plus fermes appuis.

(Nº 25 du ***Bulletin du tribunal***).

A l'ouverture de la troisième séance, Danton et Lacroix ont renouvelé leurs indécences, et ont demandé, en termes peu respectueux, l'audition de leurs témoins : on voyait que leur but était de soulever l'auditoire, et d'exciter quelque mouvement propre à les sauver.

L'accusateur public, pour arrêter les suites de ces sorties scandaleuses, a invité le greffier à faire lecture du décret tout récemment rendu par l'Assemblée nationale, qui mettait hors des débats tout accusé qui ne saurait pas respecter le tribunal ; il a déclaré bien formellement aux accusés Lacroix et Danton, qu'il avait une foule de témoins à produire contre eux, et qui tous tendaient à les confondre ; mais qu'en se conformant aux ordres de la Convention, il s'abstiendrait de faire entendre tous ces témoins, et qu'eux accusés ne devaient point compter de faire entendre les leurs ; qu'ils ne seraient jugés que sur des preuves écrites, et n'avaient à se défendre que contre ce genre de preuves.

Il a également rendu compte des tentatives faites par Dillon, dans les prisons, pour soulever les détenus contre toutes les autorités constituées, et de sommes répandues dans le public pour sauver les accusés. Les débats ont ensuite été repris.

Après plusieurs interrogatoires adressés aux frères Frey, Danton et Lacroix demandaient à continuer leur défense, lorsque l'accusateur public, conformément au décret qui veut que le jury soit interrogé, s'il est suffisamment éclairé, quand une affaire a duré plus de trois jours, a invité les jurés à faire leur déclaration à cet égard.

Ils ont demandé à se retirer dans leurs chambres pour délibérer.

Alors les accusés et principalement Lacroix et Danton ont crié à l'injustice et à la tyrannie : nous allons être jugés sans être entendus, ont-ils dit. Point de délibération, ont-ils ajouté, nous avons assez vécu pour nous endormir dans le sein de la gloire ; que l'on nous conduise à l'échafaud.

Ces sorties indécentes ont déterminé le tribunal à faire retirer les accusés ; le jury de retour s'est déclaré suffisamment instruit, les questions ont été posées, et, d'après la question unanime du jury il est intervenu le jugement suivant :

« D'après la déclaration du jury portant :

« Qu'il a existé une conspiration tendante à rétablir la monarchie, à détruire la représentation nationale et le gouvernement republicain ;

« Que Danton est convaincu d'avoir trempé dans cette conspiration.

« Le tribunal, faisant droit sur le réquisitoire de l'accusateur public, condamne le dit Danton à la peine de mort, conformément à la loi du 23 ventose dernier ; déclare les biens dudit condamné acquis à la République, conformément à l'article 2 du titre 2 de la loi du 10 mars 1793.

« Ordonne qu'à la diligence de l'accusateur public, le présent jugement sera mis à exécution dans les 24 heures, sur la place de la Révolution, à Paris, imprimé et affiché dans toute la République. » (Numéro 26 du *Bulletin du tribunal révolutionnaire*.)

Sceaux. — Imprimerie Charaire et Cie.

www.ingramcontent.com/pod-product-compliance
Ingram Content Group UK Ltd.
Pitfield, Milton Keynes, MK11 3LW, UK
UKHW012305240726
13966UKWH00004B/1641

9 782012 785366